Maman, raconte-moi ton histoire

© Copyright - Ô Linda Vida 2021 - Tous droits réservés

Cette publication est protégée par les droits d'auteur. Aucune partie de cet ouvrage ne peut être copiée, reproduite ou redistribuée sous quelque forme que ce soit, sans l'accord écrit de l'auteur.

Chère Maman,

୧୨

Je t'offre ce journal pour qu'à ton tour tu puisses me faire le plus beau cadeau qui soit : le don de ton histoire et expérience de vie.

Je connais et j'aime la personne que tu es aujourd'hui à travers ton rôle de mère, mais j'aimerais également découvrir tes autres facettes et les différentes phases qui ont jalonné ton existence et qui ont fait de toi la femme que tu es aujourd'hui.

Il te suffit de me redonner ce journal complété avec tes pensées, anecdotes et souvenirs les plus personnels. Tu peux soit le remplir avec moi, soit le faire de ton côté.

Ne te sens pas obligée de répondre à chacune des questions si tu n'en as pas envie. Elles ont été pensées pour guider ton témoignage de vie et peuvent être complétées par tes propres réflexions en fin de journal et agrémentées par tes plus belles photos !

Une fois que tu auras terminé ton récit, je conserverai ainsi précieusement ce livre souvenir, trésor inestimable qui pourra être transmis à ma descendance.

J'espère que tu prendras autant de plaisir à le remplir que j'en aurai à le lire.

 Merci beaucoup

♡

REQUÊTE SPÉCIALE

Chers Clients,

Merci de votre confiance.

Je publie mes livres de façon indépendante.

Si vous aimez ce journal, n'hésitez pas à me laisser un commentaire sur Amazon. Je lis chacun de vos commentaires avec plaisir : ils sont cruciaux pour soutenir mon travail et me permettre de vous fournir de nouveaux contenus de qualité. J'espère que ce journal vous plaira autant que j'ai pris de plaisir à le concevoir !

D'avance, un grand merci !
Erika de Ô Linda Vida

Pour avoir accès à toutes mes actualités, cadeaux et offres spéciales, je vous donne rendez-vous sur mon site internet :

Scannez le QR code ci-joint ou tapez directement https://olindavida.com

SOMMAIRE

P 5 -- Toi
P 6 -- Tes racines
P 7 -- Notre plus belle photo
P 8-20 -- Ta jeunesse
P 21-28 -- Ta famille
P 29-37 -- Ta vie d'adulte
P 38-45 -- Ta vie de maman
P 46-49 -- Ta vie de grand-mère
P 50-55 -- Ta vie actuelle
P 56-69 -- Rétrospective de ta vie
P 70-72 -- J'aimerais aussi savoir….
P 73-78 -- Tes recettes & astuces favorites
P 79 -- Un petit échange
P 80-95 -- Ta vie en photos
P 96-100 -- Extra notes

TOI

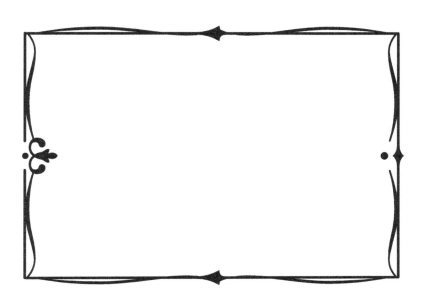

Tu t'appelles
....

Tes parents t'ont appelée ainsi car
....
....

Aujourd'hui ; le ...., tu as .... enfants, ...
petits-enfants et .... arrière-petits-
enfants .

Tu es née le .... à ....

TES RACINES

(complète avec les noms, prénoms et dates de naissance de tes ascendants)

Notre plus belle photo
♡

TA JEUNESSE

Aimais-tu aller à l'école ? Avais-tu de bons résultats ou était-ce difficile pour toi ?

___

Quelles étaient tes matières préférées et celles que tu n'aimais pas ? Y'avait-il des matières qui n'existent plus aujourd'hui ?

___

Qui étaient tes professeurs préférés et pourquoi ?

Qui étaient tes meilleurs amis ?
Quels sont tes souvenirs les plus marquants avec eux ?

Quels étaient vos jeux dans la cour de récréation ?

Quand vous faisiez des bêtises, comment étiez-vous punis ?
Étais-tu punie souvent ?

Enfant, quel métier voulais-tu exercer plus tard ?

Quels étaient tes jeux / jouets préférés ?
Comment occupais-tu tes temps libres ?

Comment tes parents te décrivaient-ils ?

Avais-tu des animaux ? Sinon, aurais-tu aimé en avoir ?

Quel surnom te donnait-on ? Pourquoi ?

Que faisais-tu pendant les vacances ?
Si tu quittais la maison, avec qui partais-tu et où ?

Quelle est la plus grosse bêtise que tu aies faite enfant ?

Quel était ton livre préféré ?

Quel était ton plat préféré ? Et celui que tu détestais ?

Raconte-moi le souvenir le plus drôle de ton enfance.

Aidais-tu beaucoup à la maison ? Que faisais-tu ?

De quel anniversaire gardes-tu le souvenir le plus spécial ?

Aviez-vous des traditions familiales marquantes ? Comment se déroulaient les fêtes de famille et lesquelles préférais-tu ?

Quels sont les souvenirs les plus heureux de ton enfance ?

Une photo de toi enfant ♡

Une photo de toi enfant ♡

Adolescente, que faisiez-vous avec tes amis ?
Sortais-tu beaucoup ? As-tu gardé tes amis d'enfance ?

Globalement as-tu aimé ton adolescence ?
Quels sont tes plus beaux souvenirs ?

As-tu poursuivi tes études ? Si oui, quel cursus ?

Une photo de toi adolescente

TA FAMILLE

Parle moi de tes parents : quel était leur travail ? Décris-moi leurs habitudes et leurs caractères respectifs. Quels souvenirs as-tu avec eux ?

Ta maman :

Ton papa :

Une photo de tes parents
♡

Que faisaient tes grands-parents et comment étaient-ils ?
Les voyais-tu souvent ? Qu'aimais-tu faire avec eux ou chez eux ? T'ont-ils appris des choses ?

Une photo de tes grands-parents maternels

Une photo de tes grands-parents paternels ♡

Que sais-tu de tes arrière-grands parents et de tes ancêtres plus éloignés ?
Notre famille a-t-elle des origines ethniques particulières ?
Y-a-t-il des histoires / légendes sur la lignée de nos aïeux ?

Si tu as des frères et soeurs, quelle relation as-tu avec eux ? Êtes-vous proches ? Y-a-t-il des anecdotes marquantes à leur sujet ?

Où as-tu habité avec ta famille et comment était ta maison ?

Une photo de toute ta famille ♡

TA VIE D'ADULTE

Jeune adulte, quelles étaient tes meilleures compétences, pour quoi étais-tu la plus douée ?

Quels principes transmis par tes parents ont guidé ta vie d'adulte ?

Quels sont les emplois que tu as occupés ? Les appréciais-tu ? Si tu avais pu recommencer, aurais-tu choisi la même activité ?

As-tu fait de grands voyages ? Où es-tu partie et quels sont tes meilleurs souvenirs de voyage ?

As-tu traversé des périodes particulièrement difficiles dans ta vie ? Comment y as-tu fait face ? As-tu vécu des moments historiques plus jeune (guerre, crise...) ?

Raconte-moi : quand et comment as-tu rencontré papa ?

Parle-moi de lui.

Combien de relations sérieuses as-tu eues avant de rencontrer papa ? Que peux-tu m'en dire ?

Comment as-tu su que ta relation avec papa était vraiment spéciale ?

[Si vous êtes mariés] Comment s'est passée la demande en mariage ?

Et votre mariage, c'était comment ?
Êtes-vous partis en lune de miel après ?

Comment avez-vous décidé d'avoir un enfant ?

Quel est ton plus beau souvenir avec papa ?

Une photo de vous deux

À quel âge as-tu obtenu ton permis de conduire ? Et ta première voiture ? As-tu une anecdote drôle à ce propos ?

Quel est le plus beau cadeau que tu aies reçu ?

As-tu participé à des concours ou compétitions dans ta vie ?

Comment ta perception et ton vécu de la féminité ont-ils évolué au fil des années ? Qu'est-ce qui te fait te sentir « femme » aujourd'hui ?

TA VIE DE MAMAN

Comment as-tu réagi quand tu as appris que tu étais enceinte ? Et papa ?

Comment s'est passée ta première grossesse ? Et l'accouchement ? S'il y en a eu plusieurs, as-tu appréhendé les suivants ?

Comment s'est passée ta première année de maternité ?

Comment as-tu concilié tes obligations de vie familiale et professionnelle? Si tu avais pu recommencer, aurais-tu refait les choses de la même façon ?

Qu'est-ce que tu as le plus aimé (/aimes toujours) faire avec tes enfants ?

Comment avez-vous choisi le prénom de vos enfants ? Ont-ils une signification particulière ? Quels étaient vos autres prénoms préférés ?

Quelle a été la plus grosse bêtise faite par tes enfants ?

Y-a-t-il quelque chose que tu as vécu plus jeune que tu t'es jurée de ne pas faire vivre à tes propres enfants ?

Qu'aimes-tu le plus dans ton rôle de maman ?

Qu'est-ce qui a été le plus fatigant / difficile en tant que maman ?

Y-a-t-il des choses chez moi qui te font penser à toi ? Avons-nous des points communs ?

Y-a-t-il quelque chose que tu as toujours voulu me dire ?

Quels sont tes plus beaux souvenirs avec tes enfants ?

Photos de nous ♡

TA VIE DE GRAND-MÈRE

Quelle a été ta réaction quand tu as appris que tu allais être grand-mère ?

___

Qu'est-ce que tu préfères dans ton rôle de grand-mère ?

Y-a-t-il des choses chez tes petits-enfants qui te font penser à toi ?

Quelles sont les activités que tu préfères faire avec tes petits-enfants ?

Quels sont tes plus beaux souvenirs avec tes petits-enfants ?

Photos de vous ♡

TA VIE ACTUELLE

Quelles sont tes activités favorites actuelles ?

※ Quels sont tes rituels à toi quotidiens ?

Qui sont aujourd'hui les personnes dont tu te sens la plus proche ?

Décris notre famille en trois mots.

Y-a-t-il quelque chose que je ne sais pas à propos de toi qui m'étonnerait ?

Quels sont tes livres et écrivains favoris ?

Quels sont tes films et acteurs favoris ?

Quels sont tes styles de musique et chanteurs favoris ?

Si tu gagnais demain au loto, que ferais-tu ?
(Tu peux laisser libre cours à ton imagination !)

Que ferais-tu si tu n'avais plus qu'un jour à vivre ?

Y-a-t-il des compétences / savoirs que tu aimerais apprendre ?

Quelles sont pour toi les inventions qui ont le plus révolutionné le cours de l'humanité ?

Ta vie maintenant ♡

RÉTROSPECTIVE DE TA VIE

Quel est l'endroit où tu as préféré vivre dans ta vie et pourquoi ? Aurais-tu aimé vivre ailleurs ?

Penses-tu que le monde ait tant changé depuis que tu es née ? Qu'est-ce qui t'a le plus surprise ?

Tout au long de ta vie, quels ont été tes différents modèles, les personnes qui ont été source d'inspiration pour toi (proches ou célébrités) ?

De quoi es-tu la plus fière ? Quelles expériences ont été les plus marquantes dans ta vie et ont fait de toi la personne que tu es aujourd'hui ?

As-tu des regrets ? Aurais-tu voulu faire des choses différemment ? À quoi aurais-tu voulu consacrer moins de temps ? Et plus de temps ?

Quels rêves as-tu réalisés ? Y-a-t-il des choses en particulier que tu aimerais encore accomplir ?

Comment imagines-tu ta retraite ? (Si tu es déjà retraitée, que préfères-tu dans cette phase de ta vie ?)

Quels sont les événements et souvenirs les plus heureux de toute ta vie ?

De quoi aimerais-tu que l'on se souvienne à propos de toi ?
Quelles sont les valeurs les plus importantes pour toi ?
Quel héritage souhaiterais-tu laisser ?

Quels conseils aurais-tu à me donner concernant ma vie personnelle et professionnelle ?

J'AIMERAIS AUSSI SAVOIR…

Tes recettes favorites

Tes recettes & astuces favorites

Tes recettes & astuces favorites

Tes recettes & astuces favorites

Tes recettes & astuces favorites

Tes recettes & astuces favorites

Un petit échange .....

de moi à toi :

de toi à moi :

Ta vie en photos

Ta vie en photos ♡

Ta vie en photos ♡

Ta vie en photos ♡

Ta vie en photos ♡

Ta vie en photos ♡

Ta vie en photos ♡

Ta vie en photos ♡

Ta vie en photos ♡

Ta vie en photos ♡

Ta vie en photos ♡

Ta vie en photos ♡

Ta vie en photos ♡

Ta vie en photos ♡

Ta vie en photos ♡

Ta vie en photos ♡

Extra Notes

ÉGALEMENT DISPONIBLES SUR AMAZON.FR

Collection Raconte-moi ton Histoire

Des journaux mémoire pour recueillir l'histoire de vie de vos proches, leurs anecdotes & meilleurs souvenirs, à lire et relire et conserver précieusement

<u>Versions disponibles</u> :

Grand-père Raconte-moi ton Histoire
Grand-mère Raconte-moi ton Histoire
Papa Raconte-moi ton Histoire
Parrain Raconte-moi ton Histoire
Marraine Raconte-moi ton Histoire
Tonton Raconte-moi ton Histoire
Tata Raconte-moi ton Histoire

Collection Journaux Parents-Enfants

Des journaux à partager entre parents et enfants, pour immortaliser des souvenirs ensemble et apprendre à se connaître tout en s'amusant

<u>Versions disponibles</u> :

Entre Maman et Moi - Le journal Mère-Fils créateur de souvenirs
Entre Maman et Moi - Le journal Mère-Fille créateur de souvenirs
Entre Papa et Moi - Le journal Père-Fils créateur de souvenirs
Entre Papa et Moi - Le journal Père-Fille créateur de souvenirs

Collection Journaux de Gratitude

Des journaux pour adopter une routine bien-être et développer sa positivité en cinq minutes par jour :

Lamaste - Journal de Gratitude pour enfants
Aujourd'hui sera une Belle Journée - Journal de Gratitude pour adultes & adolescents
Bonjour Gratitude - Journal de Gratitude pour adultes & adolescents

Collection Tout ce que j'aime chez toi

Des livres tout en couleurs à compléter & personnaliser pour exprimer son amour à ses parents

<u>Versions disponibles</u> :

Maman Tout ce que j'aime chez toi
Papa Tout ce que j'aime chez toi

Printed in France by Amazon
Brétigny-sur-Orge, FR